L'ENCYCLOPÉDIE DES JEUX OLYMPIQUES POUR ENFANTS CURIEUX

Ce livre appartient à

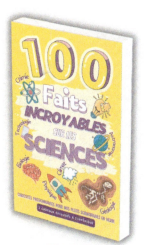
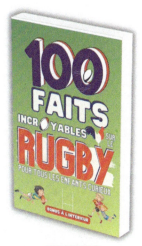

COMMENT UTILISER CE LIVRE ?

Dans ce livre tu découvriras tous les sports présents aux Jeux Olympiques et notamment ceux de 2024. Tu auras aussi une petite histoire des JO depuis leur création. Au fil des pages tu vas découvrir des sports que tu ne connaissais peut être pas.

A la fin du livre je t'explique les valeurs des Olympiades et je te laisse, pour pouvoir patienter avant les JO, un petit cahier d'activités et de jeux à réaliser en famille.

Ce livre est là pour éveiller ta curiosité sur les sports qui existent dans ta ville et que tu pourrais aussi pratiquer afin de peut être devenir toi aussi un champion ou une championne olympique!

 Pour obtenir <u>gratuitement</u> l'encyclopédie du Rugby, il te suffit de laisser **un commentaire sur Amazon en me disant ce que tu as aimé dans ce livre** en scannant ce QR Code:

Puis envoie une image de ton commentaire à **editionalternative@hotmail.com**, je t'enverrai le livre!

Edition Septembre 2023
Copyright Estelle Sport
Tous droits réservés

SOMMAIRE

L'HISTOIRE DES JEUX OLYMPIQUES	1 - 6
LES PRINCIPAUX SPORTS AUX JEUX OLYMPIQUES	7 - 54
LES VALEURS DE L'OLYMPISME	55 - 56
LES PAYS PARTICIPANTS AUX JEUX OLYMPIQUES	57 - 62
DEVIENS TOI AUSSI CHAMPION DES JO 2024	63 - 68
TABLEAU DES MÉDAILLES	69

DÉBUTS MYSTIQUES

Salut à toi, jeune explorateur de l'histoire ! As-tu déjà entendu parler des Jeux Olympiques ? Ces Jeux spéciaux où des athlètes du monde entier se rassemblent pour montrer leurs talents incroyables et célébrer l'amitié entre les peuples. Mais savais-tu que les Jeux Olympiques ont un commencement mystique, qui remonte à bien longtemps ?

Il y a des milliers d'années, en Grèce antique, il y avait des dieux et des déesses puissants que les gens adoraient. Les Grecs croyaient que ces dieux vivaient tout en haut du mont Olympe, d'où le nom "Jeux Olympiques". Pour leur montrer leur respect et apaiser les conflits entre les cités de la Grèce Antique, Iphitos, roi d'Elide décida de créer les jeux autour de 776 avant Jésus-Christ.

Tous les quatre ans, à l'été, les cités mettaient leurs querelles de côté et se rendaient dans la cité d'Olympie. Les guerres étaient suspendues pour que tout le monde puisse se rassembler en paix. Les Jeux Olympiques étaient une occasion de montrer que l'amitié pouvait être plus forte que les différences.

QUIZZ

Où se passaient les premiers Jeux Olympiques ?

Pourquoi les Jeux Olympiques étaient-ils organisés ?

Quelle était la période de l'année où se déroulaient les Jeux Olympiques ?

HÉROS ET LÉGENDES

Les athlètes étaient comme les héros des cités. Ils passaient des années à s'entraîner pour les Jeux, à courir, sauter, lancer et combattre. Mais ce n'était pas seulement pour gagner des médailles. Les Grecs croyaient que les dieux regardaient les Jeux, alors les athlètes voulaient donner le meilleur d'eux-mêmes pour montrer leur courage et leur détermination.

De nombreuses cités grecques participaient aux Jeux Olympiques, comme Athènes, Sparte et Corinthe. Chaque cité envoyait ses athlètes les plus talentueux pour les représenter. Les athlètes concouraient dans différentes épreuves, comme la course à pied, le saut en longueur et même la lutte. Les athlètes concouraient dans un grand stade en forme de U, avec des gradins où les spectateurs s'asseyaient. L'excitation dans l'air était palpable, tout le monde était prêt pour les compétitions.

Parmi les athlètes les plus connus de la Grèce Antique, Corèbe d'Elis est le premier a voir remporté la course pédestre. Ensuite d'autres noms sont retrouvés sur des amphores comme Milon de Crotone pour sa lutte, Léonidas de Rhodes pour sa course etc... Les champions sont considérés comme des héros populaires et sont libres de circuler partout en Grèce même en temps de conflits. Ils sont même libres de choisir quelle cité ils représentent, un peu comme les joueurs de football actuels. C'est le cas pour Astylos de Crotone qui remporta 6 titres olympiques mais décida de défendre Syracuse par la suite semant le trouble entre les cités.

QUIZZ

Pourquoi les athlètes s'entraînaient-ils si dur pour les Jeux ?

Quel est le privilège des champions olympiques?

Quels étaient les épreuves auxquelles participaient les athlètes?

LA PAUSE

Lorsque les Romains envahirent la Grèce, ils décidèrent de participer également aux Jeux. Ceux ci étaient tellement populaire que des empereurs décidèrent d'y prendre part afin de mesurer aux populations locales ainsi qu'aux soldats et démontrer leur force.

Malheureusement en 393 l'empereur Théodose 1er décida d'interdire les jeux, les considérant comme païens. Il décida de supprimer également les Jeux du Cirque de façon générale, pourtant extrêmement réputés dans l'empire romain.

Lors de la découverte des ruines du site d'Olympie vers la fin du 18ème siècle des tentatives de création de nouveaux jeux olympiques virent le jour avec notamment les Olympiades de la République qui se sont tenus à Paris de 1796 à 1798, les festivals olympiques britanniques depuis 1894, les Jeux scandinaves en 1834 et 1836 ou les jeux olympiques de Zappas à Athènes en 1859 et 1870.

La volonté de rénovation des jeux n'est pas seulement liée aux découvertes archéologiques mais également liés au fait que la fin du 19ème siècle est marqué par de nombreux conflits et des défaites notamment celles des grecques contre les turc et des français contre les allemands en 1870 incitant le gouvernement français à renforcer l'éducation physique des jeunes. C'est cependant grâce au Baron Pierre de Coubertin, souhaitant favoriser les interactions culturelles entre les pays que les jeux seront rénovés

QUIZZ

Où se passaient les premiers Jeux Olympiques ?

Pourquoi les Jeux Olympiques étaient-ils organisés ?

Quelle était la période de l'année où se déroulaient les Jeux Olympiques ?

PIERRE DE COUBERTIN

Imagine un garçon curieux, né en France en 1863, dans une famille riche et intelligente. Pierre de Coubertin aimait beaucoup les sports et les études. Il croyait que le sport avait le pouvoir de rassembler les gens et d'enseigner des valeurs importantes comme l'amitié et le fair-play.

Pierre avait une grande idée : il voulait réveiller les anciens Jeux Olympiques qui avaient disparu depuis très longtemps. Il croyait que ces Jeux, où les athlètes du monde entier se rassemblaient pour concourir dans un esprit d'amitié, pourraient inspirer les gens à être meilleurs.

Cependant, réaliser cette idée n'était pas facile du tout. Beaucoup de gens pensaient que les anciens Jeux étaient une histoire du passé et ne servaient plus à rien.

Mais Pierre n'a pas abandonné. Il a voyagé dans différents pays pour parler de ses idées. Il a écrit des lettres, des articles et même organisé un congrès en 1894 pour expliquer pourquoi les Jeux étaient importants. Il a finalement réussi à convaincre de nombreux pays de l'importance de rénover les JO.

En 1896, les premiers Jeux Olympiques modernes ont eu lieu à Athènes, en Grèce. Des athlètes de plusieurs pays se sont rassemblés pour courir, sauter et lancer, tout en portant les valeurs de l'amitié et du respect. Ces Jeux ont été un succès, et c'était en grande partie grâce au dévouement et à la persévérance de Pierre de Coubertin.

Pierre a laissé un héritage incroyable. Grâce à lui, les Jeux Olympiques se déroulent toujours tous les quatre ans, et des athlètes du monde entier concourent pour montrer leur excellence et leur esprit sportif.

QUIZZ

Qui était le baron Pierre de Coubertin?

Que souhaitent t'il faire lorsqu'il découvre les tentatives de rénovation des JO?

Où ont eu lieu les premiers JO modernes?

LES JO MODERNES

Il est tout de même important de savoir que Coubertin était un conservateur et un colonialiste. Pour lui la présence de femmes ou de noirs aux Jeux Olympiques était inimaginable. Les femmes ne peuvent concourir à toutes les épreuves que depuis 2012. Lors des premiers Jeux olympiques elles ne représentaient que 2.2% des athlètes et ne pouvaient participer qu'au golf, tennis, voile et croquet. Elles ne pourront intégrer les JO qu'en 1928 à Amsterdam.

La ségrégation et la discrimination raciale de l'époque empêcha les athlètes noirs de participer aux premiers JO. Cependant en 1900 George Poage est devenu le premier athlète noir à pouvoir participer aux jeux. En 1904 il remporta 2 médailles en athlétisme. En 1908 c'est John Baxter Taylor qui remporta la première médaille d'or aux JO en boxe.

Lors des premiers JO modernes seuls 241 athlètes et 14 nations étaient représentés. Désormais il y a environ 10500 athlètes de toutes les nations à chaque Jeux. Ces jeux sont contrôles par le Comité International Olympique qui décide des règles et des sports qui entrent dans les jeux. Certains sports ne sont pas représentés aux JO ou parfois disparaissent car le comité souhaite limiter le nombre de podiums à 302.

Par la suite d'autres jeux ont été créés comme les jeux paralympiques en 1948 grâce à Sir Ludwig Guttman souhaitant la réhabilitation des blessés de guerre par le sport. Il y a également les jeux olympiques de la jeunesse pour les athlètes de 14 à 18 ans qui se déroulent depuis 2010.

QUIZZ

Pourquoi les femmes et les athlètes noirs ne participaient pas aux jeux olympiques au départ?

Combien y avait-il d'athlètes aux premiers jeux olympiques modernes?

Qu'est ce que le CIO?

JO 2024

En 2024 les JO se dérouleront à Paris. Il y aura 329 épreuves sur 18 jours de compétitions. Tu pourras retrouver le programme des compétitions en **scannant le QR code sur cette page**. Sur ces épreuves il y aura 10500 athlètes de 206 pays différents. 28 disciplines olympiques traditionnelles ainsi que 4 sports spectaculaires : l'escalade sportive, le skateboard, le surf et pour la première fois le breaking (break-dance) qui se déroulera place de la Concorde sur une scène ouverte où il y aura aussi les compétitions de skateboard, BMX et de basket 3x3.

Les épreuves se dérouleront sur 41 sites olympiques en France métropolitaine mais également en Outre Mer pour le surf à Tahiti pour profiter de la vague mythique de Teaupo'o.

Pour débuter les JO la cérémonie d'ouverture se fera le long de la Seine de Austerlitz à Iéna (soit 6km). Les athlètes défileront dans des bateaux et seront filmés tout au long du parcours. Le défilé se terminera par une performance artistique au Trocadéro.

22 sports paralympiques sont prévus pour les Jeux sur 11 jours de compétitions et 549 épreuves pour les 4400 athlètes paralympiques de 184 pays. Parmi les sports trois sont ouverts aux athlètes ayant un handicap mental (Para athlétisme, Para natation et Para tennis de table) et trois pour les athlètes malvoyants (Para judo, Goalball et Cécifoot ou football à 5).

QUIZZ

Quels sont le ou les sports nouveaux aux JO 2024?

Quelle distance navigueront les athlètes lors de la cérémonie d'ouverture?

Y a t'il plus d'épreuves olympiques ou paralympiques?

ATHLÉTISME

L'athlétisme se compose de très nombreux sports lui donnant le statut de "Sport Roi" aux Jeux Olympiques. Les courses de vitesse (100, 200, 400m) sont parmi les épreuves d'athlétisme les plus emblématiques et captivantes.

Parmi ces sports, les courses de sprint, comme le 100 mètres, ont commencé à être pratiquées dans les anciens Jeux Olympiques grecs, et elles ont continué à évoluer jusqu'à aujourd'hui. Le but est de courir une distance courte le plus rapidement possible.

Les courses de fond (800m, 1500m, Mile, 5000m, 10 000m, Marathon...) remontent aussi à l'Antiquité, l'accent est mis sur l'endurance et les épreuves reflètent la détermination et la persévérance des athlètes. Il existe de nombreuses épreuves qui ne sont pas toutes détaillées ici. Le Kenya et l'Ethiopie sont des fabriques à champions dans ces courses!

TABLEAU DES RECORDS

Records de Vitesse
- 100m H : 2009 Usain Bolt (Jam) 9,58s
- 100m F : 1988 Florence Griffith – Joyner (USA) 10,49s
- 200m H : 2009 Usain Bolt (Jam) 19,19s
- 200m F : 1988 Florence Griffith – Joyner (USA) 21,34s
- 400m H : 2016 Wayde van Niekerk (SAf) 43,03s
- 400m F : 1985 Marita Koch (All) 47,60s

Quelques tenants de records du Fond
- Hicham El Guerrouj (1500m, Mile et 2000m)
- Eliud Kipchoge (Marathon)
- Joshua Cheptegei (5000m et 10000m)
- Faith Kipyegon (1500m, Mile et 5000m)
- Brigid Kosgei (Marathon)
- Letesenbet Gidey (10km et Semi-Marathon)

ATHLÉTISME

Les courses de relais (4x100m et 4x400m) sont une célébration de l'esprit d'équipe et de la coordination. Il existe des relais homme, femmes ou mixtes.

Inspirées des messages transmis par les messagers dans l'Antiquité, les courses de relais sont devenues une épreuve incontournable des Jeux Olympiques modernes, mettant en avant la vitesse et la passation du témoin entre les coureurs. Si le témoin tombe, les coureurs perdent du temps et perdent la course ! Les grands noms sont Allyson Felix, Michael Johnson ou Usain Bolt.

Les épreuves de sauts de haies (110m hommes, 100m femmes, 400m h/f) trouvent leurs origines dans les défis d'entraînement des guerriers de l'Antiquité, qui devaient sauter par-dessus des obstacles pour améliorer leur agilité. La technique de saut, la synchronisation et la rapidité sont essentielles pour réussir dans ces épreuves.

TABLEAU DES RECORDS

Records du Relais

4x100m H : 2016 Jamaique 36,84s
4x100m F : 2012 USA 40,82s
4x400m H : 2008 USA 2min54,29s
4x400m F : 1988 Union Soviétique 3min15,17s

Records de Haies

110m : 2012 Aries Merritt 12s80s
100m : 2022 Tobi Amusan 12,12s
400m H : 2021 Karsten Warholm 45,94s
400m F : 2022 Sidney McLaughlin 50,68s

ATHLÉTISME

Les épreuves de sauts sont parmi les plus anciennes de l'athlétisme. Elles ont des racines dans les compétitions des anciens Grecs et Romains, qui admiraient la capacité des athlètes à surmonter les obstacles naturels.

Au saut en Longueur, es athlètes courent sur une piste avant de sauter dans un bac de sable, où la distance est mesurée au niveau de l'endroit le plus proche entre la planche de saut et l'empreinte du sauteur. De même pour le triple saut. Au saut en Hauteur, les athlètes sautent par-dessus une barre horizontale placée en hauteur. La hauteur de la barre augmente au fur et à mesure que la compétition avance. De même pour le saut à la perche mais cette fois les athlètes utilisent une perche flexible pour sauter au dessus de la barre et atteignent des hauteurs folles!

TABLEAU DES RECORDS

Longueur
1991 Mike Powell 8,95m
1988 Galina Chistyakova 7,52m

Perche
2023 Armand Duplantis 6,22m
2009 Yelena Isibayeva 5,06m

Hauteur
1993 Javier Sotomayor 2,45m
1987 Stefka Kostadinova 2,09m

Triple Saut
1995 Jonathan Edwards 18,29m
2022 Yulimar Rojas 15,74m

ATHLÉTISME

Les épreuves de lancers tirent leurs origines des compétitions de force et d'habileté des anciens guerriers. Les lancers de disque, poids, de marteau et de javelot étaient souvent utilisés dans la préparation militaire et étaient également des épreuves majeures dans les jeux anciens.

Aujourd'hui, ces épreuves mettent en valeur la puissance et la technique des athlètes. Pour les lancers, les athlètes lancent un objet métallique le plus loin possible depuis un cercle délimité. L'objet doit atterrir à l'intérieur d'une zone sur le terrain. Pour le marteau ils le font tourner autour d'eux, pour le disque l'athlète tourne sur lui même. Pour le javelot, les athlètes lancent une sorte de lance le plus loin possible.

Dans tous les cas l'athlète n'a pas le droit de marcher en dehors de sa zone de lancé.

TABLEAU DES RECORDS

Disque
1986 Jürgen Schult 74,08m
1988 Gabriele Reinsch 76,80m

Javelot
1996 Jan Zelezny 98,48m
2008 Barbora Spotakova 72,28m

Marteau
1986 Youri Sedykh 86,74m
2016 Anita Wlodarczyk 82,98m

Poids
2023 Ryan Crouser 23,56m
1987 Natalya Lisovskaya 22,63m

ATHLÉTISME

Les épreuves combinées, l'heptathlon pour les femmes et le décathlon pour les hommes, sont des tests ultimes de polyvalence et d'endurance athlétique et sont inspirées des anciennes compétitions grecques de pentathlon.

Heptathlon : L'heptathlon consiste en sept épreuves sur deux jours : 100 mètres haies, saut en hauteur, lancer du poids, saut en longueur, lancer de javelot, 200 mètres et 800 mètres. Les athlètes marquent des points en fonction de leurs performances et le total des points détermine le classement final.

Décathlon : Le décathlon se déroule sur deux jours et comprend dix épreuves : 100 mètres, saut en longueur, lancer du poids, saut en hauteur, 400 mètres, 110 mètres haies, lancer de disque, saut à la perche, lancer de javelot et 1500 mètres. Comme pour l'heptathlon, les points accumulés déterminent le gagnant.

TABLEAU DES RECORDS

Record Féminin sur Heptathlon

1988 Jackie Joyner-Kersee 7291 points
12s69 (100m haies), 1,86 m (hauteur), 15,80m (poids), 22s56 (200m), 7,27 m (longueur), 45,66m (javelot), 2min08s51 (800 m)

Record Masculin sur Décathlon

2018 Kevin Mayer 9126 points
10 s 55 (100 m), 7,80 m (longueur), 16,00 m (poids), 2,05 m (hauteur), 48s42 (400 m), 13s75 (110m haies), 50,54 m (disque), 5,45 m (perche), 71,90 m (javelot), 4min36s11 (1500 m)

ATHLÉTISME

La marche est une discipline d'endurance qui a des origines anciennes tout simplement parce que c'était le moyen de transport de l'époque!

Aux Jeux Olympiques modernes, la marche a été intégrée en tant qu'épreuve en 1956 aux jeux de Melbourne pour mettre en avant l'endurance, la technique et la discipline des athlètes. Dans les différentes épreuves de marche doivent respecter certaines règles. L'athlète doit avoir un de ses deux pieds en contact permanent avec le sol. Si le pied perd le contact avec le sol, cela est considéré comme un "flottement" et peut entraîner des pénalités.

TABLEAU DES RECORDS

Records sur 20 km

2015 Yusuke Suzuji 1h16min36s
2021 Yang Jiayu 1h23min49s

Records sur 50km

2014 Yohann Diniz 3h32min33s
2019 Liu Hond 3h59min15s

AVIRON

L'aviron fait partie des Jeux Olympiques depuis 1896. Seuls les hommes participaient jusqu'en 1976. L'aviron se déroule sur des distances de 2000 mètres aux Jeux Olympiques.

Les rameurs s'affrontent en skiff, en deux de pointe, quatre de pointe, quatre de couple, huit de pointe et deux de couple poids léger. Le bateau qui franchit la ligne d'arrivée en premier gagne.

L'aviron est l'un des rares sports où les rameurs ont leur dos tourné dans la direction de la course. Cela signifie qu'ils ne voient pas la ligne d'arrivée jusqu'à ce qu'ils la passent. Seul le skiff voit la ligne.
Un autre point intéressant est que la Roumanie est une très bonne compétitrice.

TABLEAU DES RECORDS

Records de Titres
Elisabeta Lipa 8 médailles dont 5 Or
Steve Redgrave 6 médailles dont 5 Or
Georgeta Damian 6 médailles dont 5 Or

Records de Médailles
USA 89 (dont 33 or), Allemagne 48 (dont 33 or), G.Bretagne (dont 31 or)

Quelques temps records de l'Aviron
Huit Homme Allemagne 5min18s68
Huit Femme 2021 Roumanie 5min52s99
Quatre Homme 2021 Allemagne 5min58s96
Quatre Femme 2021 Chine 6min05s13
Solo Homme 2017 Robbie Manson 6min30s74
Solo Femme 2002 Rumyana Neykova 7min07s71

BADMINTON

Le badminton trouve ses origines en Inde, où il était appelé "poona". Il a été introduit en Angleterre au 19e siècle et joué dans la demeure de Badminton puis est devenu populaire en tant que sport de jardin.

Il a été inclus officiellement dans les Jeux Olympiques en 1992. Le badminton se joue en simple (un joueur de chaque côté) et en double (deux joueurs de chaque côté).

Les joueurs utilisent des raquettes pour frapper un volant par-dessus un filet vers le camp adverse. Le but est de marquer des points en faisant atterrir le volant dans le terrain de l'adversaire. Un match se joue en deux manches gagnantes, et chaque manche est jouée jusqu'à 21 points. Le volant utilisé est souvent en plumes ou en matériau synthétique.

TABLEAU DES RECORDS

Grands noms du Badminton

Lin Dan (Chine)
Carolina Marín (Espagne)
Lee Chong Wei (Malaisie)

Top des Pays médaillés

Chine 41
Indonésie 28
Corée du Sud 22

BASKET

Le basketball, un sport d'équipe inventé par un professeur canadien, James Naismith, en 1891. Le jeu a rapidement gagné en popularité et est devenu une discipline olympique en 1936 pour les hommes et en 1976 pour les femmes.

Les équipes marquent des points en envoyant le ballon à travers le panier adverse. Les tirs de l'extérieur de la zone valent trois points, tandis que les tirs à l'intérieur de cette zone valent un point. Le jeu se déroule en quatre quarts-temps de dix minutes. Les joueurs doivent dribbler (faire rebondir) le ballon tout en se déplaçant, sauf si cela se fait en passant le ballon à un coéquipier.

Lors des JO de 1992 à Barcelone la "Dream Team" américaine, composée de superstars de la NBA comme Michael Jordan, Magic Johnson et Larry Bird a dominé ses adversaires avec une moyenne de plus de 40 points d'écart par match.

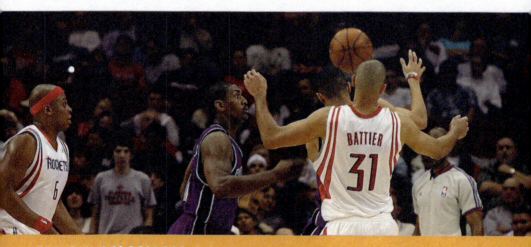

TABLEAU DES RECORDS

Records en match

Record du Monde de Points en un Match : 149 (David Thompson, 1978)
Record Olympique de Points en un Match : 55 (Oscar Schmidt, 1988)
Record du Monde de Paniers à 3 Points en un Match : 14 (Donyell Marshall, 2005)
Record Olympique de Paniers à 3 Points en un Match : 9 (Italo Zuffi, 1960)

Records de médailles États-Unis – 36, Union Soviétique – 14, Yougoslavie – 8

BASKET 3X3

Le basketball 3x3, une version rapide et intense du basketball traditionnel. Il tire son origine du jeu de rue. Joué par des équipes de trois joueurs sur un demi-terrain avec des règles du jeu adaptées.

Les joueurs marquant en dehors de la "zone à 3 points" remportent 2 points et 1 point à l'intérieur de la zone. Le basket 3x3 a été ajouté aux JO en 2020. L'équipe en tête après dix minutes de jeu ou la première à atteindre 21 points remporte le match.

Le tournoi olympique de basketball 3x3 à Tokyo en 2021 a été historique car il a couronné les premiers champions olympiques de cette variante du sport. La Lettonie a remporté le titre masculin tandis que les États-Unis ont été couronnés chez les femmes.

TABLEAU DES RECORDS

Records en match

Record du Monde de Points en un Match : 35 (Karlis Lasmanis, 2020)
Record Olympique de Points en un Match : 17 (Kelsey Plum, 2021)
Record du Monde de Paniers à 2 Points en un Match : 11 (Rafael de Souza, 2021)
Record Olympique de Paniers à 2 Points en un Match : 9 (Riga Ghetto, 2021)

BMX FREESTYLE

Le BMX freestyle a des racines dans la culture du motocross, qui a émergé dans les années 1970 en Californie. Inspirés par les acrobaties audacieuses des motards, les jeunes de la région ont commencé à imiter ces figures sur leurs vélos

Ce sport a gagné en popularité au fil des décennies et s'est établi dans le monde du sport extrême grâce à des compétitions comme les X Games et le FISE. La première Coupe du Monde de BMX Freestyle a été organisée par l'UCI en 2016 lors du FISE. Les épreuves de BMX freestyle consistent à exécuter une série de figures dans un parcours appelé "park". Les riders ont deux essais de 60 secondes chacun pour réaliser un maximum de figures. Les juges évaluent la difficulté des tricks, l'amplitude des sauts, la créativité et le style global de l'enchaînement. Il est entré aux JO de la Jeunesse en 2018.

TABLEAU DES RECORDS

Records et grands noms

Record du Monde de Points : 95.37 (Dennis Enarson, 2019)
Record Olympique de Points : 93.30 (Logan Martin, 2021)
Record du Monde de Hauteur de Saut : 2.45 m (Pat Casey, 2017)
Record Olympique de Hauteur de Saut : 2.40 m (Logan Martin, 2021)
Logan Martin (Australie) Hannah Roberts (USA) et Daniel Dhers (Venezuela) sont des grands noms de ce sport!

BMX RACING

Le BMX racing trouve aussi en Californie dans les années 1960. Les jeunes étaient fascinés par les motards et ont commencé à imiter ces courses sur leurs vélos.

Les premiers championnats du monde de BMX ont eu lieu en 1982. Les coureurs s'affrontent sur une piste de 400 mètres de long avec sauts, virages et obstacles. Huit coureurs s'élancent d'une butte pour prendre de l'élan afin de parcourir la piste le plus rapidement possible.

Le BMX racing est devenu une épreuve olympique en 2008. Mariana Pajon de Colombie et Maris Strombergs de Lettonie sont deux athlètes qui se sont démarqués avec deux titres olympiques chacun. Cette discipline offre des courses courtes mais intenses, où les retournements de situation sont fréquents, ce qui la rend captivante pour les spectateurs.

TABLEAU DES RECORDS

Médailles

Il n'y a qu'un classement des médailles pour le BMX racing car il n'est apparu aux JO que depuis 2012. La Colombie domine la discipline avec 6 médailles suivie par la Grande Bretagne et la Lettonie. Toutes ces nations ont 2 médailles d'or à leur palmarès.

BOXE

Les origines de la boxe remontent à l'Antiquité, avec des traces de combats organisés datant du 3e millénaire avant J-C. Les combattants qui se protégeaient les mains et les bras avec du cuir.

Les règles olympiques de la boxe sont spécifiques à cet évènement. Les combats se déroulent en trois rounds de trois minutes pour les hommes et quatre rounds de deux minutes pour les femmes. Chaque round est jugé individuellement, et les juges attribuent des points en fonction des performances. À la fin du combat, les scores des rounds sont additionnés pour déterminer le vainqueur.

La boxe est présente aux Jeux Olympiques depuis 1904, sauf en 1912 à cause de l'interdiction suédoise. Les femmes ont rejoint le programme en 2012. Pour la première édition en 1904, seuls des Américains ont participé, donnant aux États-Unis toutes les médailles.

TABLEAU DES RECORDS

Records et grands noms

Les États-Unis ont remporté un total de 117 médailles en boxe, suivis de Cuba avec 78 et de la Grande-Bretagne avec 62.
Les grands noms sont Muhammad Ali (États-Unis), Teofilo Stevenson (Cuba) Vasyl Lomachenko (Ukraine) ou les français Tony Yoka, Sofiane Oumiha et Estelle Mossely.

BREAKING

Le breakdance, ou breaking, est un style de danse originaire du Bronx et issu de la culture hip-hop. Sur la musique passée par les DJ, les athlètes s'affrontent en battles en réalisant des acrobaties et des mouvements au sol.

Lors des Jeux Olympiques de Paris 2024, le breakdance sera présent avec deux épreuves où seize B-Boys et seize B-Girls s'affronteront dans des battles spectaculaires en 1 contre 1. Les danseurs exécuteront des figures comme les coupoles ou les freezes en improvisant sur la musique du DJ pour remporter les votes des juges et ainsi décrocher le premier titre olympique de breakdance.

TABLEAU DES RECORDS

Il n'y a pas encore de records alors écris les résultats des premiers JO en dessous!

CANOE-KAYAK SLALOM

Le canoë et le kayak ont des origines différentes. Le kayak était utilisé par les Esquimaux au Groenland principalement pour la pêche et le transport, tandis que le canoë était utilisé pour le commerce et le transport dans d'autres régions du monde.

Les compétitions de canoë-kayak ont débuté au 19e siècle, avec la création du Royal Canoe Club de Londres en 1866. Le sport s'est rapidement répandu en Europe dans les années 1890. Le slalom se déroule sur un parcours comportant jusqu'à 25 portes à franchir. Toucher une porte ajoute une pénalité de deux secondes, tandis que manquer une porte entraîne une pénalité de 50 secondes. Le canoë-kayak slalom est apparu en démonstration aux Jeux Olympiques de Munich en 1972, puis est devenu une discipline olympique aux Jeux de Barcelone en 1992.

TABLEAU DES RECORDS

Grands noms

Il n'y a pas vraiment de records de Canoe-Kayak Slalom, le but étant de finir le plus vite possible, les temps varient en fonction des bassins d'eau vive. On peut cependant citer des noms de grands athlètes comme Tony Estanguet (France), Elena Kaliska (Slovaquie), Michal Martikan (Slovaquie).

CANOE SPRINT

Les épreuves de canoë-kayak sprint se déroulent sur un bassin d'eau calme, avec des courses en ligne sur huit couloirs.

Les athlètes concourent dans différentes distances, dont 200 m, 500 m et 1 000 m. Ils utilisent soit un kayak (position assise, pagaie double) soit un canoë (agenouillé, pagaie simple). Les équipages vont de 1 à 4 personnes notés K1 à K4 pour le kayak et C1 à C4 pour le canoë.

Le canoë en ligne est apparu pour la première fois aux Jeux Olympiques de Berlin en 1936. Les femmes ont rejoint la compétition à partir des Jeux de Londres en 1948.

TABLEAU DES RECORDS

Records de Kayak
200m K1 H Liam Health 2017 33s380
200m K1 F Lisa Carrington 2014 37s898
500m K2 H Hongrie 2017 1min26s500
500m K2 F Nouvelle Zélande 2021 1min35s785
1000m K4 H République Tchèque 2014 2min46s
1000m K4 F Hongrie 2003 3min14s

Records de Canoe
200m C1 H Vadim Korobov 2016 37s446
200m C1 F Laurence V-Lapointe 2018 44s504
500m C2 H Russie 2014 1min35s270
500m C2 F Canada 2018 1min51s428
1000m C4 H Russie 2014 3min10s

CYCLISME PISTE

Le cyclisme sur piste tire une partie de son histoire des premiers vélos pour lesquels nous étions obligés de pédaler en continu en raison de l'absence de roue libre.

Les premières courses sur piste de bois voient le jour dans les années 1870 en Angleterre. La première course de six jours a eu lieu à Londres en 1878, et la popularité de la piste a conduit à la création de l'International Cycling Association en 1893.

Le cyclisme sur piste se déroule dans un vélodrome avec une piste de 250 mètres aux virages relevés. Les épreuves de cyclisme sur piste comprennent différentes disciplines telles que la vitesse individuelle, la vitesse par équipe (contre la montre 3vs3), le keirin (3 tours derrière une moto puis 3 tours de course), la poursuite par équipe (meilleur temps sur 4km), l'omnium (composé de 4 épreuves) et le madison (accumulation de points par des sprints intermédiaires tous les 10 tours par équipe de 2).

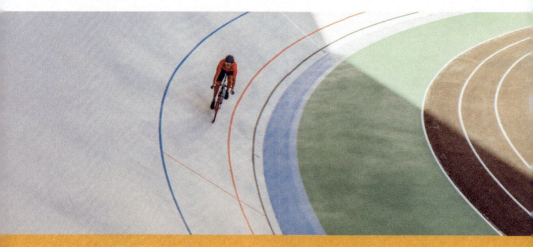

TABLEAU DES RECORDS

Records Homme
Sprint sur 200m: 9s215
Poursuite individuelle sur 4 000m: 4min14s982
Kilomètre contre-la-montre: 1min0s711
Sprint sur 750m par équipes: 41s369
Poursuite par équipes sur 4 000m: 3min42s032

Records Femme
Sprint sur 200m: 10s310
Poursuite individuelle sur 3 000m: 3min24s537
500 mètres contre-la-montre: 33s952
Sprint sur 500m par équipes: 31s804
Poursuite par équipes sur 3 000m: 3min14s051
Poursuite par équipes sur 4 000m: 4min4s242

CYCLISME ROUTE

On trouve des traces de la première course de vélo en 1868 dans le parc de Saint Cloud à Paris. Rapidement, des fédérations nationales se sont formées pour organiser et encadrer ce sport.

En 1900, l'Union Cycliste Internationale a été créée pour superviser toutes les disciplines du cyclisme.

Aux Jeux Olympiques, le cyclisme sur route comporte deux épreuves principales : la course en ligne et le contre-la-montre individuel. Dans la course en ligne, les cyclistes partent ensemble et doivent montrer leur endurance et leur tactique pour traverser des distances longues (en 2024: 273km pour les hommes et 158km pour les femmes).

Le contre-la-montre est un effort solitaire, où les cyclistes partent individuellement à intervalles réguliers pour parcourir une distance spécifique le plus rapidement possible (32,4km en 2024)

TABLEAU DES RECORDS
Il est difficile de donner des records car le parcours change à chaque édition

ESCALADE

L'escalade sportive est un sport récent. Cette discipline est née en tant que pratique compétitive en 1985 en Italie, avec la première compétition appelée "SportRoccia".

L'escalade sportive est composée de trois disciplines olympiques : le bloc, la vitesse et la difficulté.

Dans l'épreuve du bloc, les grimpeurs escaladent des structures de 4,5 mètres de hauteur sans corde en un temps limité. La vitesse consiste en une course contre la montre, où les athlètes grimpent le plus vite possible un mur incliné à 5 degrés de 15 mètres. Enfin, l'épreuve de difficulté demande aux grimpeurs de monter le plus haut possible un mur de 15 mètres en six minutes, sans connaître la voie à l'avance.

TABLEAU DES RECORDS

Records de vitesse sur 15m

2023 Leonardo Veddriq 4,98s
2023 Aleksandra Miroslaw 6,25s

Il n'y a pas d'autres records car les parcours et les blocs changent à chaque édition.

ESCRIME

L'escrime a des racines anciennes, remontant à des millénaires avec des combats d'épée datant de 1190 avant J-C. Progressivement, cette pratique militaire est devenue un sport grâce à des maîtres d'armes européens.

Dans l'escrime, deux adversaires se font face, armés, et doivent toucher leur adversaire sur une zone spécifique. Trois armes sont utilisées : le sabre, l'épée et le fleuret. Le sabre permet de toucher avec toutes les parties de la lame, le fleuret nécessite une touche avec la pointe sur le tronc et l'épée exige une touche à la pointe, sur n'importe quelle partie du corps. Le premier à quinze points ou celui avec le plus de points à la fin gagne. En équipe, c'est la première à 45 points qui l'emporte.

TABLEAU DES RECORDS

Records et grands noms

Laura Flessel-Colovic (France), multiple championne olympique
Valentina Vezzali (Italie), légende du fleuret
Aron Szilagyi (Hongrie), multiple champion olympique au sabre

Le top 3 des pays médaillés sont l'Italie, la France et la Hongrie

FOOTBALL

Le football tire ses origines de la Chine ancienne, mais c'est en Angleterre qu'il a pris sa forme moderne pour devenir le sport le plus populaire au monde. Au Moyen Âge, les joueurs tentaient, avec violence, de déplacer une vessie de porc d'un bout à l'autre de la ville pour marquer un but.

C'est bien plus tard, en Angleterre, que les règles de ce sport sont édictées. Le football se joue avec deux équipes de onze joueurs sur un terrain de gazon. Les matchs sont divisés en deux mi-temps de 45 minutes chacune. La compétition féminine suit les mêmes règles que celles de la FIFA, tandis que la compétition masculine a quelques particularités. Chaque équipe doit être composée de joueurs ayant 23 ans maximum. Cependant, chaque équipe peut inclure trois joueurs plus âgés dans leur effectif de 18 joueurs.

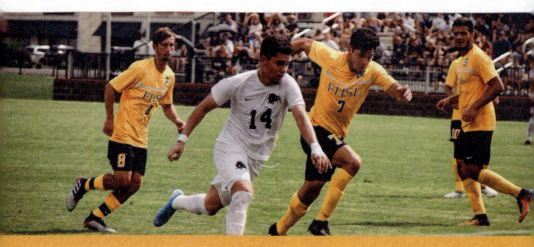

TABLEAU DES RECORDS

Records Olympiques

Plus grand nombre de médailles d'or masculines : Hongrie – 3 médailles d'or
Plus grand nombre de médailles d'or féminines : États-Unis – 4 médailles d'or
France : 1 médaille d'or et une d'argent chez les hommes

GOLF

C'est en 1754 que les règles du golf ont été établies à Saint Andrews, en Écosse. Cependant, ses origines pourraient venir des Pays-Bas, et aurait été exporté en Ecosse au 15e siècle.

Aujourd'hui, il y a plus de 60 millions de personnes pratiquent ce sport. Le golf consiste à frapper une balle avec un club depuis l'aire de départ jusqu'au trou en utilisant le moins de coups possible, en fonction du type de terrain. La formule de jeu utilisée aux Jeux Olympiques est le « stroke-play », où les joueurs doivent compléter un parcours de 18 trous quatre fois en quatre jours. Celui qui totalise le moins de coups à la fin des quatre parcours remporte le tournoi.

TABLEAU DES RECORDS
Grands noms
Tiger Woods (États-Unis) - Considéré comme l'un des plus grands joueurs de golf de tous les temps.
Annika Sörenstam (Suède) - elle a remporté 10 tournois majeurs et a été une source d'inspiration pour de nombreuses joueuses.
Rory McIlroy (Irlande du Nord) - Un golfeur talentueux et charismatique, il a remporté plusieurs tournois majeurs et est devenu l'un des joueurs les plus populaires sur le circuit.

GYMNASTIQUE ARTISTIQUE

La gymnastique est l'un des sports historiques des Jeux de l'ère moderne. Elle a été présente à chaque édition olympique depuis 1896 à Athènes, d'abord pour les hommes et plus tard pour les femmes en 1928 à Amsterdam.

La gymnastique artistique comprend des compétitions individuelles par agrès ainsi que des épreuves individuelles et par équipe sur tous les agrès. Pour les hommes, il s'agit des exercices au sol, du cheval d'arçons, des anneaux, du saut de cheval, des barres parallèles et de la barre fixe. Pour les femmes, les agrès comprennent le saut de cheval, les barres asymétriques, la poutre et les exercices au sol. Une note de difficulté et d'exécution sont mises par les juges.

Différentes nations ont dominé ce sport au fil du temps, d'abord le Japon puis l'Union Soviétique et l'Allemagne de l'Est. Aujourd'hui, le Japon, les États-Unis, la Russie et la Chine sont parmi les nations qui se distinguent en gymnastique artistique.

TABLEAU DES RECORDS

Records et grands noms

Nadia Comăneci (Roumanie) – La première à obtenir un 10 parfait en gymnastique aux Jeux de 1976.
Simone Biles (États-Unis) – Une des meilleures gymnastes de tous les temps
Kohei Uchimura (Japon) – Un des gymnastes masculins les plus dominants
Meilleure note du concours général féminin: Simone Biles (USA) – 62,366 points (2016)
Meilleure note du concours général masculin: Kohei Uchimura (Japon) – 92.365 points (2012)

GYMNASTIQUE RYTHMIQUE

La gymnastique rythmique est devenue une discipline olympique en 1984 à Los Angeles avec l'épreuve individuelle. En 1996 à Atlanta, l'épreuve par ensembles a été ajoutée au programme. Les pays d'Europe de l'Est, en particulier la Russie, ont dominé cette discipline.

Cette épreuve artistique est réservée aux femmes et se caractérise par le maniement de quatre engins d'adresse : le cerceau, le ballon, les massues et le ruban. Dans l'épreuve individuelle, les gymnastes présentent quatre présentations avec à chaque fois un engin différent. Les présentations doivent durer entre 75 et 90 secondes. Dans l'épreuve par ensembles, des équipes de cinq gymnastes réalisent deux présentations en utilisant plusieurs engins simultanément. La durée de chaque présentation doit être entre 135 et 150 secondes. Les performances sont évaluées en combinant les notes de difficulté, artistique) et d'exécution.

TABLEAU DES RECORDS
Records et grands noms

Yevgeniya Kanayeva (Russie) – L'une des gymnastes les plus titrées, avec deux médailles d'or olympiques consécutives en 2008 et 2012.
Margarita Mamun (Russie) – Championne olympique en 2016
Carolina Rodríguez (Espagne) – Première gymnaste non russe à remporter le concours individuel aux Jeux en 2016, mettant fin à l'hégémonie russe.
Meilleure note au concours individuel : Yevgeniya Kanayeva (Russie) – 116 points (2012)
Meilleure note au concours des ensembles : Russie – 57 points (2012)

TRAMPOLINE

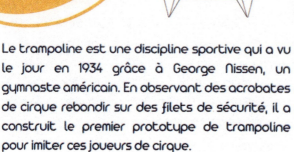

Le trampoline est une discipline sportive qui a vu le jour en 1934 grâce à George Nissen, un gymnaste américain. En observant des acrobates de cirque rebondir sur des filets de sécurité, il a construit le premier prototype de trampoline pour imiter ces joueurs de cirque.

Au trampoline les athlètes rebondissent à plus de huit mètres de hauteur pour exécuter des enchaînements de 10 figures. Ces figures sont évaluées dans leur difficulté, exécution et temps passé en l'air.

Le trampoline est devenu une discipline olympique aux Jeux Olympiques de Sydney en 2000. La Chine a dominé le palmarès olympique en remportant quatorze médailles depuis 2000.

TABLEAU DES RECORDS

Records

Le record du monde du saut le plus haut est 12,19m
Pour atteindre une hauteur maximale en trampoline il faut 7 sauts

La Chine est la nation la plus titrée du trampoline avec 14 médailles dont 4 en or

HALTÉROPHILIE

Déjà dans l'Antiquité, en Egypte et en Grèce, il existait des rencontres où les participants soulevaient des pierres pour comparer leur force. Aux Jeux Olympiques, l'haltérophilie a évolué. Depuis 1976, il y a deux techniques : l'arraché et l'épaulé-jeté.

L'arraché consiste à soulever la barre en un mouvement jusqu'au-dessus de la tête. L'épaulé-jeté se fait en deux étapes : d'abord la barre est montée sur les épaules, puis jetée au-dessus de la tête. Il existe de nombreuses catégories chez les femmes et les hommes qui dépendent du poids de l'haltérophile.

Petite anecdote, aux JO de Rio en 2016 l'haltérophile finlandais Milko Tokola est tombé de l'estrade la tête la première après avoir soulevé son poids!

TABLEAU DES RECORDS

Records

Pour la catégorie la plus impressionnante des poids très lourds
- Hommes : Arraché : 223 kg, Epaulé-jeté : 265 kg en 2020
- Femmes : Arraché : 145kg, Epaulé-jeté : 187kg

Au niveau des médailles, le sport était dominé par l'union soviétique avec 62 médailles et désormais par la Chine avec également 62 médailles. Ensuite vient les USA avec 46 médailles.

HANDBALL

Le handball a commencé à la fin du 19e siècle dans les pays scandinaves. À cette époque, il y avait deux versions : le handball sur gazon et en salle. était pratiqué sur gazon.

Désormais le handball se joue en salle sur un terrain de 40 mètres sur 20 mètres, avec deux équipes de sept joueurs chacune. Les joueurs peuvent dribbler le ballon tous les trois pas et le tenir en main pendant trois secondes maximum. L'objectif est de marquer des buts en lançant le ballon dans le but adverse. Le jeu dure deux mi-temps de 30 minutes chacune. Les contacts entre les joueurs sont autorisés, faisant du handball un sport intense et physique.

TABLEAU DES RECORDS

Records des Français (Homme) aux mondiaux 2017

6ème fois Champions du monde
Plus grand nombre de buts dans un tournoi : 4643 buts
Plus grand nombre de buts à partir des demi-finales : 282 buts
Thierry Omeyer : 59 titres, 10 médailles d'or, sélectionné 358 fois.
Les Français n'avaient pas ce niveau en 2021, la nouvelle génération promet de belles réussites!

Le hockey tire ses origines de l'Antiquité de la forme du bâton de berger. Ce sport aurait été joué par les Grecs et les Romains et une version existerait même sur le continent Américain à l'époque Aztèque.

Aujourd'hui les règles opposent deux équipes de onze joueurs sur un terrain synthétique essayant de marquer des buts en lançant une balle dure avec des crosses en forme de crochet. Le jeu dure 60 minutes, divisées en 4 périodes de 15 minutes. Les joueurs peuvent être remplacés à tout moment, à l'exception du gardien. Les équipes peuvent choisir de jouer sans gardien temporairement. En cas d'égalité à la fin du temps réglementaire, une séance de tirs au but départage les équipes.

Lors des Jeux de Tokyo 2021, la Belgique a remporté l'or chez les hommes et les Pays-Bas chez les femmes.

TABLEAU DES RECORDS

Records de statistiques

Lancer le plus rapide : 196 km/h

Plus grand nombre de buts marqués par une équipe dans un tournoi masculin : 48 buts en 2016

Plus grand nombre de buts marqués par une équipe dans un tournoi féminin : 38 buts en 2021

Plus grand nombre de médailles : 18 médailles dont 6 en or pour les Pays Bas en 2020

JUDO

Le judo est un art martial créé au Japon par le Dr. Jigoro Kano en 1882. Son nom signifie "voie de la souplesse".

L'objectif du judo est de projeter son adversaire au sol, de l'immobiliser ou de le contraindre à abandonner en utilisant des clés articulaires et des étranglements. Le "Ippon" est la victoire immédiate lorsque le judoka tombe sur le dos, abandonne ou s'il est immobilisé 20 secondes. Le "waza-ari" est un avantage partiel. Le judo est divisé en catégories de poids avec des combats de 4 minutes, prolongés en cas d'égalité. Des pénalités sont données pour un comportement contraire à l'esprit du judo.

Le judo est devenu une discipline olympique aux Jeux de Tokyo en 1964. Le Japon a dominé le judo avec 96 médailles, suivi par la France (57 médailles) et la Corée du Sud (46 médailles). Le judo s'est développé mondialement et 128 pays ont participé aux Jeux de Tokyo 2021.

TABLEAU DES RECORDS

Records et grands noms

Teddy Riner (France) : Considéré comme l'un des meilleurs judokas de tous les temps, il a remporté de nombreuses médailles d'or olympiques et mondiales.

Ryoko Tani (Japon) : Surnommée "Reine du Judo", elle est la judoka la plus décorée avec deux médailles d'or et deux d'argent olympiques.

Yasuhiro Yamashita (Japon) : L'une des légendes du judo, il a remporté plusieurs médailles d'or aux championnats du monde et est un symbole du sport au Japon.

LUTTE

La lutte est l'un des sports les plus anciens de l'histoire, remontant à plus de 3000 av. J-C. Elle faisait déjà partie des Jeux Olympiques de l'Antiquité en 708 av. J-C, où elle déterminait le vainqueur du pentathlon.

La lutte moderne se divise en deux styles : la lutte gréco-romaine, héritière des Jeux de l'Antiquité, et la lutte libre, plus moderne. Les combattants s'affrontent dans un cercle, cherchant à renverser ou immobiliser l'adversaire. En gréco-romaine, seuls les bras et la partie supérieure du corps peuvent être utilisés pour attaquer. En lutte libre, les jambes peuvent également être employées et les prises peuvent cibler le haut et le bas du corps. Les combats durent deux fois trois minutes, et l'objectif est de plaquer les omoplates de l'adversaire au sol ou d'obtenir le plus de points en renversant ou retournant l'adversaire.

TABLEAU DES RECORDS
Records et grands noms

Meilleurs lutteurs :
Wilfried Dietrich (Allemagne) 5 médailles dont 1 en or
Kaori Icho (Japon) 4 médailles d'or
Mijain Lopez (Cuba) 4 médailles d'or
Nations les plus titrées :
URSS avec 62 titres et USA avec 132 médailles

VTT

Le VTT s'est démocratisé dans les années 70 lorsque des cyclistes ont décidé d'explorer les chemins en dehors des saisons de route. Dans les années 1990, des vélos robustes ont été développés pour résister aux terrains accidentés.

Le VTT aux JO est constituée d'une épreuve de cross-country. C'est une course en ligne sur un parcours accidenté qui teste la technique de pilotage et l'endurance des cyclistes. Les courses se déroulent en départ groupé, avec plusieurs boucles totalisant quelques dizaines de kilomètres. Les coureurs parcourent la distance en un peu plus d'une heure.

TABLEAU DES RECORDS
Grands Noms

Julien Absalon (France) : Double champion olympique en cross-country (2004 et 2008).
Nino Schurter (Suisse) : Triple champion olympique en cross-country (2012, 2016 et 2020).
Gunn-Rita Dahle Flesjå (Norvège) : Championne olympique en cross-country en 2004.

NATATION

La natation compétitive a émergé au 19e siècle avec la création de la Société nationale britannique de natation, organisant les premières compétitions. Les premières courses olympiques ont eu lieu en environnement naturel, mais dès 1908 à Londres, les épreuves se sont déroulées dans une piscine.

Les épreuves de natation aux Jeux Olympiques se déroulent dans un bassin de 50m de long. Les nages comprennent la brasse, le papillon, le dos et la nage libre, avec une distance variée, exigeant des qualités différentes pour les courses de 50m à 1500m. Les épreuves de relais, dont le relais mixte 4x100m quatre nages, sont également disputées. Les États-Unis ont dominé le palmarès olympique, avec plus de 250 médailles d'or.

Il existe des épreuves de natation marathon sur des distances de 10km en eau libre.

TABLEAU DES RECORDS

Records Hommes

50m Nage libre 20s91 (2009)
100m Nage libre 46s86 (2022)
400m Nage libre 3min40s07 (2009)
100m Papillon 49,95 (2021)
400m 4 Nages 4min03s84 (2023) Leon Marchand

Records Femmes

50m Nage libre 23s67 (2017)
100m Nage libre 51s71 (2017)
400m Nage libre 3min56s08 (2023)
100m Papillon 55s48 (2014)
400m 4 Nages 4min25s87 (2023)

NATATION SYNCHRONISÉE

La natation artistique a émergé en combinant acrobaties aquatiques et musique. L'épreuve est est devenue essentiellement féminine. La discipline a gagné en popularité au 20ème siècle et a commencé à être concourue en compétitions.

Chaque épreuve comprend un programme libre et un programme technique notés par des juges pour l'exécution, la synchronisation, la difficulté, l'utilisation de la musique et la chorégraphie. Les performances se déroulent dans une piscine de 3 mètres de profondeur.

La Russie a dominé le palmarès olympique, remportant les titres depuis les Jeux de 2000.

TABLEAU DES RECORDS

Il n'existe pas de record du monde ou olympique, il s'agit de notes et de classement des notes permettant de déterminer les vainqueurs.

PENTATHLON MODERDE

Le pentathlon moderne trouve ses origines dans le pentathlon antique, mais son incarnation moderne a été développée par le Baron Pierre de Coubertin pour tester les qualités d'un athlète complet dans des disciplines modernes.

Les épreuves originales de course, de javelot, de saut, de disque et de lutte ont évolué vers les disciplines actuelles. Le pentathlon moderne combine la natation (200m nage libre), l'escrime (matchs et élimination directe), l'équitation (saut d'obstacles sur un cheval inconnu) et le laser-run (course à pied et tir). Les athlètes marquent des points dans les trois premières épreuves, déterminant leur départ dans le laser-run, où le premier à franchir la ligne d'arrivée remporte la médaille d'or.

TABLEAU DES RECORDS

Records et grands noms

Les 3 plus grandes nations modernes sont la Hongrie avec 22 médailles dont 9 en or, la Suède avec 21 médailles dont 9 en or et la Russie avec 5 médailles dont 4 en or.

Les athlètes les plus médaillés sont Pavel Lednev (ancienne URSS), Andras Balczo (Hongrie) et Carlo Massulo (Italie)

PLONGEON

Le plongeon, une discipline proche de la natation, a gagné en popularité en Suède et en Allemagne au 19e siècle qui a mené à la création de la première organisation de plongeon en 1901, appelée l'Amateur Diving Association.

Le plongeon propose deux types d'épreuves aux Jeux Olympiques : le tremplin à trois mètres et la plateforme de haut-vol à dix mètres de hauteur. Le tremplin à trois mètres est flexible pour gagner en hauteur, tandis que la plateforme de haut-vol est fixe.

Depuis les débuts des Jeux Olympiques modernes en 1904, le plongeon a captivé les spectateurs avec ses sauts impressionnants. La Chine est devenue une superpuissance en plongeon, remportant de nombreuses médailles d'or et de belles performances.

TABLEAU DES RECORDS

Records et grands noms

Record de médailles : 141 médailles pour les USA, 81 pour la Chine, 21 pour la Suède.
Quelques grands noms
Wu Minxia (CHN) – Domination aux Jeux de 2004, 2008, 2012 et 2016.
Greg Louganis (USA) – Réalisation de plongeons emblématiques dans les années 1980.
Fu Mingxia (CHN) – Performance exceptionnelle aux Jeux de 1992 et 1996.

RUGBY À SEPT

Le rugby à 7 est une version rapide et intense du rugby classique. Dans ce sport, sept joueurs de chaque équipe s'affrontent sur le terrain. Il était absent des JO depuis 1924 et est réapparu en 2016.

Les matchs sont plus courts, d'une durée de quatorze minutes, mais ils sont intenses avec beaucoup de sprints et d'essais. Les règles communes au rugby sont conservées, comme les plaquages et les passes vers l'arrière. Les points sont marqués de la même manière : un essai vaut cinq points, une transformation deux points, et un drop ou une pénalité valent trois points.

Les Fidji sont connues pour être incroyablement bonnes en rugby à 7, et elles ont remporté le tournoi masculin aux Jeux de 2021. La Nouvelle-Zélande domine le jeu féminin.

TABLEAU DES RECORDS

Grands noms

Jerry Tuwai (FID) – Étoile des Fidji, il a brillé aux Jeux de 2021.
Portia Woodman (NZL) – Expertise en essais, avec une victoire olympique en 2021.
Perry Baker (USA) – Rapide et habile, il a marqué des records olympiques en 2021.

SKATEBOARD

Le skateboard est né dans les années 1950 aux États-Unis, influencé par la culture du surf. Il a été associé à un symbole de liberté et une contre culture pour les jeunes.

Le skateboard olympique présente deux disciplines : le Park et le Street. Dans le Park, les skateurs s'affrontent sur un terrain avec des courbes et des bowls. Ils réalisent des figures en prenant de la vitesse et en s'élevant dans les airs. Dans le Street, le décor simule des éléments urbains comme les escaliers et les rails. Les skateurs effectuent des enchaînements de figures et sont notés pour leur maîtrise.

Le skateboard a été ajouté aux JO en 2020 en tant que sport additionnel.

TABLEAU DES RECORDS

Médailles

Actuellement le Japon est en tête des médailles avec 5 médailles olympiques dont 3 en or suivi de l'Australie et le Brésil.

SPORTS EQUESTRES

L'équitation remontent à l'Antiquité et à l'utilisation des chevaux lors des guerres. Pour cela un dressage intensif était nécessaire et les Jeux Olympiques rendent hommage à cette capacité de l'homme à dompter l'animal.

Les sports équestres olympiques incluent trois disciplines mixtes : le saut d'obstacle, le dressage et le concours complet.
Dans le saut d'obstacle, les cavaliers parcourent un parcours avec des barres à sauter. Le but est de terminer le plus rapidement avec le moins de pénalités possibles. Le dressage est une chorégraphie entre le cavalier et le cheval, évaluée pour son élégance et sa fluidité. Le concours complet combine saut d'obstacle, dressage et cross-country, une course d'endurance avec des obstacles naturels.

TABLEAU DES RECORDS

Médailles et grands noms
Allemagne (GER) – 66 médailles d'or (Total : 138 médailles)
Suède (SWE) – 17 médailles d'or (Total : 43 médailles)
France (FRA) – 15 médailles d'or (Total : 42 médailles)
Isabell Werth (GER) – 10 médailles olympiques dont 6 en or.
Anky van Grunsven (NED) – 9 médailles olympiques dont 3 en or.
Reiner Klimke (GER) – 8 médailles olympiques dont 6 en or.

SURF

Le surf trouve ses origines à Hawaï, où dès le 15e siècle, les habitants pratiquaient le surf sur les vagues de l'océan. Dans les années 1950, le grand public découvre le surf et son esprit d'union avec l'Océan, entraînant un engouement pour ce sport.

Le surf est entré aux JO depuis 2020 à Tokyo. Les surfeurs montent sur leur planche et glissent sur les vagues en réalisant des manœuvres et des figures impressionnantes. Cinq juges évaluent leurs performances en prenant en compte la variété, la difficulté et la fluidité des figures, ainsi que la vitesse et la puissance dégagées. Pour les Jeux Olympiques, les surfeurs utilisent des planches de type "shortboard", plus petites et maniables que les longboards.

TABLEAU DES RECORDS

Records et grands noms

Plus grande vague surfée : 24,38 mètres en 2017 par Rodrigo Koxa (Brésil).
Plus longue session de surf en eau douce : 33 heures en 2017 par Gary Saavedra (Pérou).
Duke Kahanamoku (Hawaï) – Pionnier du surf moderne et triple champion olympique de natation
Kelly Slater (États-Unis) – 11 titres de champion du monde.
Stephanie Gilmore (Australie) – Six fois championne du monde féminin

TAEKWONDO

Le taekwondo vient du Taekkyon, un art martial Coréen datant du 1er siècle avant JC. Il a été présenté en 1988 en démonstration à Séoul puis introduit aux JO de Sidney en 2000.

Le Taekwondo moderne a pour objectif de donner des coups de pieds et de poings tout en évitant d'être touché par l'adversaire. Ce sport se caractérise par des mouvements des jambes et des bras suffisamment rapides pour toucher l'adversaire. Les combattants s'affrontent sur un octogone en trois rounds de deux minutes. Les points sont attribués en fonction de la zone touchée. Un coup de pied à la tête rapporte plus de points qu'un coup au torse. Des pénalités peuvent être données pour des fautes commises.

TABLEAU DES RECORDS

Médailles

Les pays les plus titrés sont la Corée du Sud avec 22 médailles dont 12 en or, la Chine avec 11 médailles dont 7 en or et enfin les USA avec 10 médailles dont 3 en or.

TENNIS

Le tennis trouve ses racines dans le jeu de paume, joué à la main. Au départ, on jouait dans des cours en faisant rebondir la balle sur les murs. C'est en Angleterre que le tennis tel que nous le connaissons aujourd'hui commence à prendre forme.

Aux Jeux Olympiques, le tennis est joué en simple ou en double, ainsi qu'en double mixte. Les matchs se jouent en deux sets gagnants de 6 jeux. Un tie-break est appliqué en cas d'égalité aux deux premiers sets.

Le Tennis a souvent disparu et réapparu aux Jeux Olympiques.

TABLEAU DES RECORDS

Records et grands noms

États-Unis : 39 médailles dont 21 en or
Royaume-Uni : 43 médailles dont 17 en or
France : 19 médailles dont 5 en or
Serena Williams (États-Unis) – 23 titres du Grand Chelem.
Roger Federer (Suisse) – 20 titres du Grand Chelem.
Rafael Nadal (Espagne) – 22 titres du Grand Chelem.

TENNIS DE TABLE

Au début du 20e siècle, le tennis de table prend sa forme moderne et intègre les compétitions en 1926.

Le tennis de table se joue sur une table séparée en deux par un filet. Les joueurs utilisent des raquettes pour échanger une balle très légère.

Les matchs individuels se jouent en quatre manches gagnantes, avec le premier joueur atteignant onze points dans chaque manche. Une équipe gagne si elle remporte trois matchs sur cinq, avec des matchs de simple et un match de double.

Le tennis de table est devenu un sport olympique en 1988 à Séoul, avec des épreuves de simple et de double pour les hommes et les femmes. En 2008, les épreuves de double ont été remplacées par des épreuves par équipes.

TABLEAU DES RECORDS

Médailles

La Chine domine le Tennis de Table avec 60 médailles olympiques dont 32 en or suivi de la Corée du Sud avec 18 médailles et le Japon avec 8 médailles.

TIR

Le tir est un sport olympique historique, présent dès les premiers Jeux Olympiques modernes en 1896 à Athènes

Les épreuves de tir aux Jeux Olympiques se déclinent en trois catégories : carabine, pistolet et fusil. Les tireurs s'affrontent dans des stands de tir à des distances de 10, 25 et 50 mètres de la cible, en adoptant différentes positions telles que debout, à genoux et couché. L'objectif est d'atteindre le point le plus au centre des cibles pour obtenir le score le plus élevé.

Les épreuves au fusil se déroulent en plein air et impliquent le tir sur des cibles projetées en l'air dans différentes directions et angles.

TABLEAU DES RECORDS
Médailles

Les USA dominent la discipline du Tir avec 11 médailles dont 54 en or, puis la Chine avec 56 médailles dont 22 en or et l'Italie avec 42 médailles dont 17 en or.

TIR À L'ARC

Le tir à l'arc tire ses origines de la chasse et la guerre. Dès le premier millénaire avant JC les peuples du Moyen Orient s'affrontaient grâce avec des arcs.

Le tir à l'arc se pratique en visant une cible placée à 70m de distance. L'objectif est de placer les flèches le plus près possible du centre de la cible pour surpasser les adversaires. Le tir à l'arc comprend cinq épreuves aux Jeux Olympiques : deux compétitions individuelles, deux compétitions par équipe (hommes et femmes) et une épreuve mixte ajoutée pour la première fois aux Jeux de Tokyo 2020.

Les athlètes utilisent des arcs impressionnants qui n'ont rien à voir avec les arcs utilisés sur les champs de batailles. Ces arcs permettent de décupler les forces et d'augmenter la vitesse ou la précision des flèches.

TABLEAU DES RECORDS

Médailles

La Corée du Sud domine la discipline avec 43 médailles dont 27 en or suivi des USA avec 16 médailles dont 8 en or et l'Italie avec 9 médailles dont 2 en or.

VOILE

Les courses de voiles datent du 19ème siècle lorsque des membres du New York Yacht Club décident de bâtir un bateau nommé l'America afin de se mesurer aux Anglais. Ils remportèrent la compétition ce qui donna naissance à la Coupe de l'America, toujours d'actualité.

La voile est présente aux JO modernes depuis 1896. Elle consiste en 12 épreuves différentes qui vont utiliser différentes voiles comme dériveur solitaire ILCA 6, skiff 49er FX, Planche à voile IQ foil, formula kite., le Nacra à Foil ou le dériveur double mixte – 470.

Les compétitions se composent de régates en flottes, où des bateaux identiques rivalisent sur des parcours variés.

TABLEAU DES RECORDS

Records et grands noms

Il est très difficile de donner un tableau des scores pour la voile car les disciplines sont très diverses et varient souvent. Il existe cependant de grands skyper tels que Ben Ainslie, Torben Grael ou Paul Elvstrom qui ont été de nombreuses fois médaillés aux JO.

VOLLEYBALL

Le volleyball est né en 1895 à Holyoke dans la même ville que le basketball par William G. Morgan,

Le volleyball oppose des équipes de six joueurs sur un terrain de dix-huit mètres de long sur neuf mètres de large. Les équipes s'affrontent au meilleur des cinq sets. Chaque set se joue en 25 points, et en cas d'égalité à deux sets partout, le cinquième set se joue en 15 points.
La hauteur du filet est de 2,24 m pour les femmes et 2,43 m pour les hommes.

Le volleyball fait ses débuts olympiques à Tokyo lors des Jeux de 1964.

TABLEAU DES RECORDS

Médailles

Le Brésil domine le classement des médailles après la chute de l'URSS avec 11 médailles dont 5 en or, les USA avec 4 médailles en or et le Japon avec 9 médailles dont 3 en or. La France a remporté une fois les Jeux Olympiques en 2020.

BEACHVOLLEY

Le Beachvolley est une variante du Volley en salle. Il se joue plus rapidement et en équipes de 2. Il fait son entrée officielle aux Jeux Olympiques à Atlanta en 1996, après avoir été présent en tant que sport de démonstration à Barcelone en 1992.

Le terrain est en sable et mesure seize mètres de long sur huit mètres de large. Les matchs se jouent en deux sets gagnants. Les deux premiers sets se jouent en 21 points, et si un troisième set est nécessaire, il se joue en quinze points. Étant donné que les les espaces sur le terrain sont plus grands les joueurs doivent avoir d'excellents reflexes. On peut parfois voir les joueurs se faire des signes derrière le dos, c'est pour indiquer la stratégie à suivre en indiquant la position à viser.

TABLEAU DES RECORDS

Médailles

Les USA dominent le Beach Volley avec 11 médailles dont 7 en or mais au total ils en ont moins que le Brésil qui totalise 13 médailles mais seulement 3 en or. Ensuite vient l'Allemagne avec 3 médailles. La France n'a jamais gagné.

WATERPOLO

Le waterpolo a été inventé à la fin du 19ème siècle et s'est répandu en Europe, notamment en Angleterre.

Le water-polo se joue à une main et oppose deux équipes de sept joueurs dans une piscine, dont les dimensions de 25x20 m pour les femmes à 30x20 m pour les hommes. Les matchs se jouent en quatre périodes de huit minutes. Chaque possession dure 30 secondes ; si une équipe n'a pas attaqué dans ce délai, la possession passe à l'adversaire.

Le waterpolo est aux JO depuis 1908. La Hongrie a particulièrement brillé dans cette discipline avec 9 titres olympiques. Chez les femmes les USA ont remportés 6 tournois.

Le match de la honte

Lors des Jeux Olympiques de Melbourne en 1956, l'équipe hongroise de water-polo a affronté l'Union soviétique dans ce qui est devenu tristement célèbre sous le nom de "match de la honte". Le match a été extrêmement violent et a été marqué par des provocations et des agressions entre les joueurs. À un moment donné, le joueur hongrois Ervin Zádor a quitté la piscine avec du sang coulant de sa tête blessée. La Hongrie a remporté le match 4-0, mais les tensions politiques et la violence ont fait de ce match l'un des moments les plus controversés de l'histoire olympique.

VALEURS

En Grèce antique, des gens organisaient les Jeux Olympiques à la gloire des dieux afin de démontrer leur **excellence** et de se rapprocher un peu plus d'eux. Bien après leur disparition, Pierre de Coubertin a souhaité refaire naitre cette excellence en recréant des jeux olympiques modernes. Pierre ne voulait pas que les gens soient seulement les meilleurs, mais qu'ils donnent le meilleur d'eux-mêmes, un peu comme quand tu essaies vraiment de te donner les moyens pour atteindre tes propres objectifs à l'école ou en sport.

Mais tu sais, être excellent, c'est un peu comme quand tu traverses des moments difficiles. Parfois, à l'école ou à la maison, les choses peuvent sembler vraiment difficiles, comme un gros défi. Mais comme les athlètes, si tu continues à essayer, tu peux surmonter ces défis.

Prends l'exemple des gymnastes. La moindre erreur lors d'une figure fait perdre des points ou peut les faire chuter. Ils s'entrainent de nombreuses heures afin de pouvoir atteindre la perfection et la note maximale, comme lorsque tu travailles tes mathématiques avant un contrôle.

En natation, l'eau empêche d'avancer vite, la position du corps doit être parfaite pour ne pas perdre de vitesse. Les nageurs s'entrainent en bassin mais aussi en salle afin d'être les plus rapides possible. Essaye de voir les choses comme eux. Lorsque tu fais quelque chose, essaie d'être le plus efficace possible afin de ne pas perdre d'énergie bêtement.

Enfin en course de fond ou en cyclisme, l'énergie dépensée est tellement importante que les sportifs travaillent leur mental afin de ne jamais lâcher avant la ligne d'arrivée. Tu peux faire de même en utilisant la pensée positive et en te convainquant que toi aussi tu peux y arriver! D'autres l'ont fait alors pourquoi pas toi?

Les Jeux Olympiques grecques étaient aussi l'occasion de cesser les conflits entre les cités. Cet esprit de **respect** pour les autres personnes face à des Jeux qui impliquaient des croyances communes dans les dieux et qui passait au dessus des guerres humaines est à prendre en compte dans les valeurs que tu retrouves dans les JO. Cette année 2024 il y aura des Russes et des Ukrainiens qui s'affronteront sur le terrain sportif, sans armes.

VALEURS

Penses tu que les conflits devraient être réglés de cette façon? Pacifiquement, en s'affrontant selon des règles strictes et identiques pour tout le monde? Les conflits existent à chaque moment de la vie mais la façon de les gérer détermine qui tu es.

Tu retrouves ces marques de respect dans le sport comme au Tennis lorsqu'un joueur fait un très beau coup, il est félicité par le public mais aussi par son adversaire. Reconnaitre être moins fort à un moment ne veut pas dire que tu ne l'es pas le reste du temps. Il faut faire preuve d'humilité. Au judo, une chute sur le dos appelée ippon entraine une fin de l'affrontement alors que tu as peut être simplement fait une erreur de placement. Pourtant l'adversaire a su l'exploiter et utiliser ta faiblesse. Cela te permet de comprendre l'erreur et de t'améliorer. Sans le respect pour l'autre tu ne peux pas comprendre l'erreur et tu ne peux pas progresser. Enfin le respect se fait également avec les personnes avec lesquelles tu interagis. Si tu prends un relais en athlétisme, les athlètes doivent se faire confiance pour le passage du relais. Tu peux compter sur les autres en donnant le meilleur de toi même et entrainer les autres avec toi.

Finalement, le fait que les hostilités soient levées en Grèce Antique lors des Jeux Olympiques démontre la capacité des peuples à se lier d'**amitié**, et c'est la troisième valeur des JO. Cette valeur était essentielle et pas simplement imposée par la trêve de la guerre. Cette idée a été reprise dans les jeux modernes avec le village olympique, les cérémonies d'ouverture et clôture ainsi que le fait que les JO modernes intègrent des sports collectifs. La préparation a été rude, mais chacun a fait du mieux qu'il pouvait pour arriver là. Chacun va jouer pour gagner, donner le meilleur de lui même, exceller. En soutenant tes proches et tes amis tu fais grandir ton amitié. Les gens qui t'entourent te comprennent, te font confiance et te rappellent que tu n'es pas seul face aux épreuves qu'elles soient sportives ou celles de la vie. Tu peux compter sur eux.

N'oublie pas ces trois valeurs des Jeux Olympiques : Excellence, Respect et Amitié, elles te seront indispensables tout au long de ta vie.

PAYS

Colorie les pays participant aux JO!

Allemagne	Danemark	Irlande	Serbie
Arménie	Espagne	Italie	Slovaquie
Autriche	Estonie	Lituanie	Slovénie
Azerbaïdjan	Finlande	Moldavie	Suède
Belgique	France	Norvège	Suisse
Bosnie-Herzégovine	Géorgie	Pays-Bas	Tchéquie
Bulgarie	Grande-Bretagne	Pologne	Turquie
Croatie	Grèce	Portugal	Ukraine
	Hongrie	Roumanie	

PAYS

Colorie les pays participant aux JO!

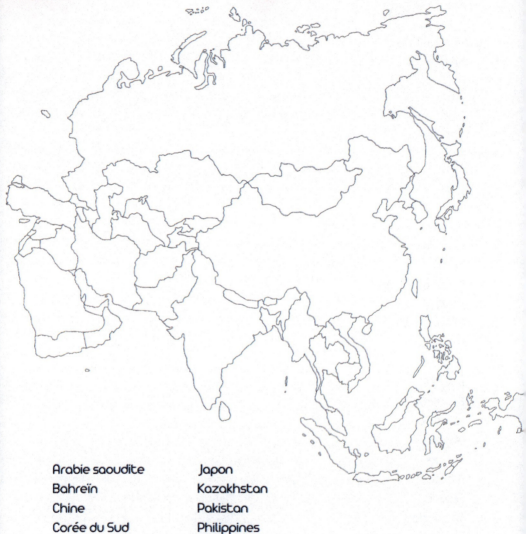

Arabie saoudite
Bahreïn
Chine
Corée du Sud
Émirats arabes unis
Hong Kong
Inde
Iran
Israël

Japon
Kazakhstan
Pakistan
Philippines
Qatar
Singapour
Taipei chinois
Viêt Nam

Colorie les pays participant aux JO!

PAYS

Argentine
Bolivie
Brésil
Canada
Colombie
Costa Rica
Cuba
Équateur
États-Unis

Guatemala
Jamaïque
Mexique
Pérou
Porto Rico
République dominicaine
Suriname
Trinité-et-Tobago
Uruguay

PAYS

Colorie les pays participant aux JO!

Australie
Fidji
Nouvelle-Zélande

A toi de créer ta propre délégation!

PAYS

Comment créer ta propre cérémonie d'ouverture? Rien de plus simple!

Tu vas choisir les 5 pays qui vont défiler en premier sur la Seine. Pour cela il te suffit de suivre les étapes.

1) Parmi les 5 pages précédentes choisi 5 pays et leur ordre de défilé sur la Seine
2) Colorie leur drapeau dans les emplacements prévus
3) A côté de chaque drapeau tu peux ajouter le nom de ton sportif préféré
4) Enfin ajoute pendant les JO 2024 une anecdote que tu as aimé en rapport avec ce pays

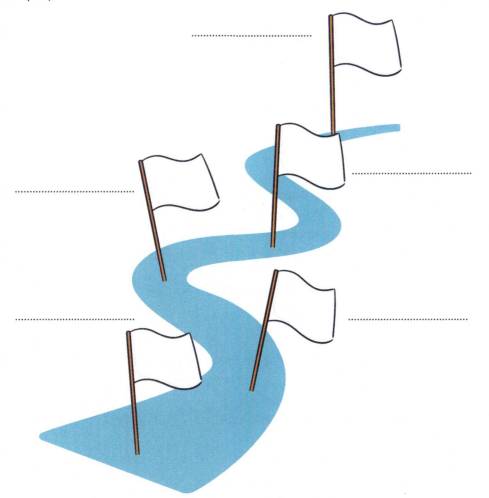

Crée ta propre Torche Olympique

Il y a bien longtemps, dans la Grèce antique, la torche olympique était bien plus qu'une simple flamme. Elle symbolisait le cadeau du feu donné aux humains par le dieu Prométhée. Allumée sous le soleil radieux du temple d'Héra, à Olympie, cette flamme entamait un long voyage avant d'atteindre le stade olympique.

Chaque relais était une célébration, réunissant des villages qui se joignaient à la fête, dansant et chantant au passage de la torche. Pour les anciens Grecs, porter la torche était un immense honneur, montrant le lien entre les dieux et les hommes. Cette flamme éternelle représentait la pureté, l'endurance et la paix.

Quand la torche arrivait finalement au stade, elle illuminait la grande cérémonie d'ouverture des jeux, rappelant à tous la puissance du feu sacré et l'unité des cités grecques réunies pour célébrer le sport et l'esprit olympique.

Matériel nécessaire :
- Un tube en plastique de 20 à 30 cm ou un rouleau de sopalin vide
- Du papier crépon Jaune, Orange et Rouge
- Une paire de ciseaux

Fabrication :
- Coupe 5 à 10 bandes de papier crépons de chaque couleur
- Place les les unes à côté des autres
- Choisis une des deux extrémités des bandes et fais une boule avec toutes les bandes jusqu'à former une boule un peu plus large que le diamètre de ton tube
- Place la boule sur ton tube et laisse tomber les bandes de couleur afin de faire comme des flammes.

Règles du jeu :
- En famille ou entre amis vous allez faire une course de relais
- Vous devez vous passer la torche olympique sans l'éteindre (sans avoir fait tomber la boule du tube)
- La première équipe à faire son relais sans faire tomber la boule a gagnée!
- N'oublie pas de donner le meilleur de toi même, dans le respect des autres, ce n'est qu'un jeu!

Ton Pictionary des sports

A TOI DE JOUER

Pour fabriquer un Pictionary des sports il te faut:
- Des morceaux de papiers ou de carton sur lesquels tu as marqué pour chaque papier un nom de **sport olympique**
- Des petits cahiers à spirale **format A6**
- Des crayons de papier et des gommes

Règles:
- Au premier tour chacun tire une carte dans la pioche avec un nom de sport et l'écrit sur son cahier. On donne ensuite le cahier à la personne à sa droite
- La personne d'après regarde le mot que vous avez écrit, tourne la page et tente de dessiner le mot. On donne ensuite le cahier à la personne encore à droite
- La personne d'après regarde le dessin et tente de deviner le nom du sport. Il tourne la page et note le nom du sport auquel il pense. On donne le cahier à la personne à droite.
- La personne d'après dessine le nom écrit et le jeu continue jusqu'à ce que les cahiers soient passés dans toutes les mains.
- On dévoile ensuite le mot qui devait être dessiné et les dessins de tes amis ou de ta famille!

Les médailles de l'amitié

Un jeu où les gagnants ne sont pas les plus forts mais les plus aimables!

1) Créez des médailles de différentes couleurs en fonction des actions d'amitié que vous voulez célébrer

2) Les défis de l'amitié: Au début du jeu écrivez sur une feuille une série de défis amicaux que vous voulez réaliser entre amis. Exemples de défis: Aider un ami dans une activité sportive, Écouter l'histoire d'un nouvel ami, Enseigner un nouveau jeu ou une compétence à quelqu'un, Partager un objet ou un gouter.

3) Distribution des médailles: Chaque fois qu'un enfant réalise un défi, un autre enfant (ou un adulte) lui donne une nouvelle médaille. L'idée est d'encourager la reconnaissance mutuelle des bonnes actions.

4) Célébration: À la fin de la journée, réunissez tous les enfants et permettez-leur de partager leurs expériences et de montrer leurs médailles.

A TOI DE JOUER

Associe le sport à son nom

- Saut en longueur
- Lancer de Javelot
- Basketball
- Waterpolo
- Golf
- Gymnastique
- Lancer de poids
- Escrime
- Sprint
- Saut à la perche
- Tir à l'arc
- Golf
- Taekwondo

Petits jeux!

A TOI DE JOUER

Aide Paul à retrouver sa délégation!

Retrouve les noms des sports à partir des anagrammes

OXEB
....

OTEREPHILIALH
....

VORINA
....

RATRACI
....

AKEYAKOCNO
....

BURGEYPAS
....

TETLAIHOPHN
....

TULET
....

WEALORTOOP
....

Retrouve dans la grille les mots :

Athlétisme
Natation
Gymnastique artistique
Football
Tennis
Basketball
Cyclisme
Volleyball
Judo
Escrime

```
D K S M S X U E A S B K X Y E O R T S F
H U H P S P S J R A Ç A T H L T I S M E
W N X F A I Y Z T V L T S K C O H P R I
E H W Y N V N L B O Q B K K I C A A P F
U X Ç A Ç A U N Z Z A F H A E X X H W Y
O X N E D D E U E J D W N N Y T E M B J
O X Z T C R S U L T Ç U Q A K E B G W D
N W L L A B Y E L L O V G R T M K A R L
C P L U Ç A T L V Z D X T A W A I I L K
R E E U Q I T S A N M Y G Q Z Y T U D L
R E N C J S A C K S S M I V G L S I R R
N K C Y U P E Y H H B O D Q T L B Z O G
L H J C D T O I B Z C O A Z O A V B I N
Q S X L O J F P X I H N V Ç C B K A X Y
V I Q I N S D D J Ç J P Ç T W T K T I U
I B S S B E A B P U R K H Y Z O E A K S
Y C N M I R I Q V O T D H O R O Q H L I
C H J E M I R C S E Z K Z G O F Y N G Y
G X L E Z J M V Z P Z J W V C U K K D H
S R D L R D X E U Q I T S I T R A T J O
```

A TOI DE JOUER

Le Quizz des JO

Quel est le pays d'origine des Jeux Olympiques ?
a) Grèce
b) Égypte
c) Chine
d) France

Dans quel sport les compétiteurs visent-ils à toucher une cible à l'aide d'un arc et de flèches ?
a) Tennis
b) Tir à l'arc
c) Voile
d) Water-polo

Quel sport se joue sur un terrain en sable et oppose des équipes de deux joueurs de chaque côté du filet ?
a) Volleyball
b) Basket-ball
c) Football
d) Volleyball de plage

Quelle discipline sportive olympique se déroule dans une piscine et met en compétition des équipes de sept joueurs ?
a) Natation
b) Water-polo
c) Plongeon
d) Canoë-kayak

Quel sport se pratique avec une raquette et une balle, en simple et en double, sur un terrain de plusieurs mètres de longueur ?
a) Golf
b) Athlétisme
c) Tennis
d) Cyclisme

Quel sport est appelé "le roi des sports" en raison de sa diversité d'épreuves, allant des sauts aux lancers et aux courses ?
a) Escrime
b) Gymnastique
c) Lutte
d) Athlétisme

Quelle discipline sportive olympique se pratique sur une table séparée en deux par un filet, en utilisant une balle légère et des raquettes ?
a) Tennis
b) Tennis de table
c) Badminton
d) Squash

Quel sport consiste à se déplacer avec un bateau à voile, en utilisant la force du vent ?
a) Natation synchronisée
b) Planche à voile
c) Canoë-kayak
d) Aviron

Dans quel sport les athlètes combattent en utilisant leurs pieds et leurs poings pour donner des coups, tout en évitant d'être touchés ?
a) Boxe
b) Karaté
c) Judo
d) Taekwondo

Quelle discipline sportive olympique se pratique en équilibre sur une poutre étroite, en réalisant des mouvements acrobatiques et artistiques ?
a) Escalade
b) Gymnastique artistique
c) Natation synchronisée
d) Plongeon

Dans quelle épreuve olympique les participants doivent monter à cheval, tirer au pistolet et réaliser une laser run pour remporter une médaille d'or?
a) Triathlon
b) Marathon
c) Pentathlon moderne
d) Biathlon

J'ai besoin de toi maintenant !

A TOI DE JOUER

Imagine que de nombreux enfants comme toi découvrent les valeurs du sport et des olympiades et décident d'adopter ces valeurs, dans quel monde pourrions nous vivre? Pour cela j'ai besoin que tu en parles à d'autres enfants !

Il te suffit de laisser **un commentaire sur Amazon en me disant ce que tu as aimé dans ce livre** en scannant le QR Code en dessous.

Pour te remercier de ce commentaire je t'enverrai une autre encyclopédie pour enfants sur le **Rugby**.

Envoie une image de ton commentaire à **editionalternative@hotmail.com**, je t'enverrai ta nouvelle encyclopédie!

TABLEAU DES MEDAILLES

Ajoute le nom des pays qui remportent des médailles et note au crayon de papier leur nombre de médaille au cours des Jeux Olympiques.

Pays	🥇	🥈	🥉